THE WEAPONS ENCYCLOPÆDIA
TANK AIRCRAFT AFV SHIP ARTILLERY VEHICLES SECRET WEAPON

TWE-033 ITA

CARRI SPECIALI SU SCAFO M4 SHERMAN

THE WEAPONS ENCYCLOPAEDIA

EDITORIAL STAFF
Luca Cristini, Paolo Crippa.

REDAZIONE ACCADEMICA
Enrico Acerbi, Massimiliano Afiero, Aldo Antonicelli, Ruggero Calò, Luigi Carretta, Flavio Chistè, Anna Cristini, Carlo Cucut, Salvo Fagone, Enrico Finazzer, Arturo Giusti, Björn Huber, Andrea Lombardi, Aymeric Lopez, Marco Lucchetti, Gabriele Malavoglia, Luigi Manes, Giovanni Maressi, Francesco Mattesini, Daniele Notaro, Péter Mujzer, Federico Peirani, Alberto Peruffo, Maurizio Raggi, Andrea Alberto Tallillo, Antonio Tallillo, Roberto Vela, Massimo Zorza.

PUBLISHED BY
Luca Cristini Editore (Soldiershop), via Orio, 35/4 - 24050 Zanica (BG) ITALY.

DISTRIBUTION BY
Soldiershop - www.soldiershop.com, Amazon, Ingram Spark, Berliner Zinnfigurem (D), LaFeltrinelli, Mondadori, Libera Editorial (Spain), Google book (eBook), Kobo, (eBoook), Apple Book (eBook).

PUBLISHING'S NOTES
None of unpublished images or text of our book may be reproduced in any format without the expressed written permission of Luca Cristini Editore (already Soldiershop.com) when not indicate as marked with license creative commons 3.0 or 4.0. Luca Cristini Editore has made every reasonable effort to locate, contact and acknowledge rights holders and to correctly apply terms and conditions to Content. Every effort has been made to trace the copyright of all the photographs. If there are unintentional omissions, please contact the publisher in writing at: info@soldiershop.com, who will correct all subsequent editions.

LICENSES COMMONS
This book may utilize part of material marked with license creative commons 3.0 or 4.0 (CC BY 4.0), (CC BY-ND 4.0), (CC BY-SA 4.0) or (CC0 1.0). We give appropriate attribution credit and indicate if change were made in the acknowledgments field. Our WTW books series utilize only fonts licensed under the SIL Open Font License or other free use license.

CONTRIBUTORS OF THIS VOLUME & ACKNOWLEDGEMENTS
Ringraziamo i principali collaboratori di questo numero: I profili dei carri sono tutti dell'autore. Le colorazioni delle foto sono di Anna Cristini. Ringraziamenti particolari a istituzioni nazionali e/o private quali: Stato Maggiore dell'esercito, Archivio di Stato, Bundesarchiv, Nara, Library of Congress, Wikipedia, USAF, Signal magazine, Cronache di guerra, Fronte di guerra, IWM, Australian War Museum, ecc. A P.Crippa, A.Lopez, Péter Mujzer, L.Manes, C.Cucut, archivi Tallillo. Model Victoria (www.modelvictoria.it) ecc. per avere messo a disposizione immagini o altro dei loro archivi.

For a complete list of Soldiershop titles, or for every information please contact us on our website: www.soldiershop.com or www.cristinieditore.com. E-mail: info@soldiershop.com. Keep up to date on Facebook https://www.facebook.com/soldiershop.publishing

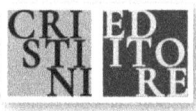

Titolo: **CARRO MEDIO M4 SHERMAN - CARRI SPECIALI VOL. III** Code.: **TWE-033 IT**
Collana curata da/Autore: Luca Stefano Cristini
ISBN code: 9791255891697 Prima edizione dicembre 2024
THE WEAPONS ENCYCLOPAEDIA (SOLDIERSHOP) is a trademark of Luca Cristini Editore

THE WEAPONS ENCYCLOPÆDIA
TANK AIRCRAFT AFV SHIP ARTILLERY VEHICLES SECRET WEAPON

CARRO MEDIO M4 SHERMAN
CARRI SPECIALI VOL. III

LUCA STEFANO CRISTINI

BOOK SERIES FOR MODELERS & COLLECTORS

INDICE

Introduzione 5
- Varianti specializzate per genio, soccorso e altri ruoli 5
- Il contesto storico e l'importanza delle varianti specializzate 5
- Un'eredità di ingegno e versatilità 5
- Elenco principali conversioni 8

Carri recupero - del genio- Antimine 17
- ARV Veicolo corazzato recupero M32 17
- Carro Dozer M1A1 19
- Veicoli corazzati antimine 25

Carri versione anfibia 35
- M4 Sherman anfibio DD "Duplex Drive" 35
- M4 Sherman anfibio "BARV" 37

Carri lanciafiamme, A.A e lanciarazzi 41
- M4 Sherman lanciarazzi 42
- M4 Sherman versioni antiaeree 48

Bibliografia 58

▼ Un veicolo di recupero del carro armato M32 conservato nel museo dei carri a Fort Knox, Kentucky.

INTRODUZIONE

■ I CARRI ARMATI SHERMAN: VARIANTI SPECIALIZZATE PER GENIO, SOCCORSO E ALTRI RUOLI

Il carro armato Sherman, ufficialmente designato come M4 Sherman, è uno dei veicoli più iconici della Seconda Guerra Mondiale. Sebbene sia stato concepito inizialmente come un carro armato medio per il combattimento diretto, la sua robustezza, affidabilità e versatilità lo resero la base ideale per una vasta gamma di varianti specializzate. In particolare, le versioni progettate per compiti di genio militare, recupero e ruoli ausiliari rappresentano una straordinaria dimostrazione di innovazione ingegneristica e di adattabilità sul campo di battaglia.

■ IL CONTESTO STORICO E L'IMPORTANZA DELLE VARIANTI SPECIALIZZATE

Durante la Seconda Guerra Mondiale, le forze armate alleate si trovarono spesso ad affrontare sfide che andavano ben oltre il semplice scontro tra carri armati. La necessità di attraversare campi minati, superare ostacoli naturali e artificiali, riparare veicoli danneggiati o recuperare equipaggi isolati richiedeva soluzioni rapide e pratiche. Fu in questo contesto che l'M4 Sherman si affermò come piattaforma di base ideale per una serie di modifiche innovative. Grazie alla sua produzione in massa, alla compatibilità con numerosi sistemi di armamento e alla semplicità della sua meccanica, lo Sherman fu trasformato in un vero e proprio "coltellino svizzero" bellico, capace di adattarsi a qualsiasi esigenza.

▲ Uno Sherman antimine britannico Crab flail tank durante i test, appartenente alla 79th Armoured Division, 1944.

Le varianti specializzate dello Sherman si dimostrarono essenziali in numerose operazioni, contribuendo al successo delle forze alleate. Il loro impiego divenne particolarmente evidente durante eventi chiave come lo sbarco in Normandia, le operazioni nella campagna d'Italia e l'avanzata attraverso l'Europa occidentale. Questi veicoli furono spesso protagonisti silenziosi, operando dietro le linee principali per garantire che l'avanzata potesse proseguire senza interruzioni.

■ UN'EREDITÀ DI INGEGNO E VERSATILITÀ

Le varianti dello Sherman per compiti di genio, soccorso e supporto evidenziano quanto la guerra moderna richieda non solo potenza distruttiva ma anche capacità di adattamento e resilienza logistica. Ogni modifica rappresenta una risposta creativa a sfide specifiche, testimoniando l'abilità degli ingegneri militari e la capacità delle truppe alleate di sfruttare al meglio le risorse disponibili.

Anche dopo la fine della Seconda Guerra Mondiale, molte di queste varianti rimasero in servizio, continuando a dimostrarsi utili in conflitti successivi e in contesti di peacekeeping. Oggi, lo Sherman e le sue molteplici incarnazioni continuano a essere celebrati non solo come simbolo della vittoria alleata, ma anche come esempio di quanto un singolo veicolo possa incarnare una molteplicità di ruoli sul campo di battaglia. Questa capacità di trasformazione e adattamento rimane una lezione fondamentale nella progettazione di mezzi militari moderni.

▲ Un veicolo speciale Sherman BARV accosta una colonna di carri Sherman del 13th-18th Royal Hussars durante la marcia di trasferimento del reggimento da Petworth a Gosport nell'estate del 1944.

Carro armato medio USA Sherman versione ARV Dozer M1A1 "Apache" appartenente al 746th Tank Battalion, US Army - Normandia, Francia, luglio 1944.

▲ Altra vista di profilo del veicolo di recupero del carro M32 conservato nel museo dei carri a Fort Knox, Kentucky.

■ ELENCO PRINCIPALI CONVERSIONI

Di seguito un primo elenco di conversioni effettuate sul carro Sherman. Più avanti analizzeremo per tipologia tutti i tipi di conversioni più noti e utilizzati:

ARV armored recovery vehicles - Veicoli corazzati da recupero

• **Veicolo di recupero del carro armato M32**: questo veicolo di recupero era basato sull'M4 Sherman. Aveva un dispositivo per bloccare il serbatoio durante il sollevamento del verricello. Ciò è stato fatto tramite un montante telescopico in modo che il veicolo rimorchiato rimanesse ad una buona distanza durante il recupero. La forza di trazione di questo veicolo era di 27 tonnellate quasi quanto il suo peso: 28 tonnellate.
• **Veicolo per il recupero del carro armato M32B1**: stesso veicolo del precedente ma basato sull'M4A1.
• **Veicolo per il recupero del carro armato M32B2**: stesso veicolo del precedente ma basato sull'M4A2.
• **Tank Recovery Vehicle M32B3**: stesso veicolo del precedente ma basato sull'M4A3, con HVSS per quest'ultimo.
• **Veicolo per il recupero del carro armato M32B4**: stesso veicolo del precedente ma basato sull'M4A4.
• **Mover M34 Full-Track Prime Mover**: M32B1 senza verricello utilizzato come trattore di artiglieria.
• **M4 Dozer**: M4 dotato di lama bulldozer con o senza torretta, per il Corpo del Genio.
• **Ponte d'assalto mobile M4**: installatore di ponti (2 rampe) dotato di gru (raro).
• **Posatori di ponti mobili M4**: installatore di ponti di impostazione britannica del tipo: Plymouth con ponte bayley, oppure del tipo Sherman AVRE con ponte Small Box Girder.
• **M4 Sherman fascine carrier e veicoli per ponti mobili:** Per superare ostacoli come fossati e trincee, alcuni Sherman furono modificati per trasportare fascine di legno o per fungere da base mobile per ponti.
• **M4 con Cullin Hedgerow Device**: M4 dotati di lama frontale per perforare e superare le siepi della campagna della Normandia (il bocage).
• **Sherman Observation Post**: un posto mobile corazzato per il controllo dell'artiglieria. Il cannone veniva rimosso (con una canna finta montata all'esterno) per fare spazio ai tavoli delle mappe nella torretta.

Veicoli corazzati antimine

- **Mine Exploder T1E1 (Earthworm):** carro armato antimine dotato di dischi corazzati (raro).
- **Mine Exploder T1E2:** carro armato antimine equipaggiato anteriormente con due unità da 7 dischi (sperimentale)
- **Mine Exploder T1E3 (M1) "Aunt Jemima":** carro armato antimine dotato di due unità da 5 dischi, utilizzato in Italia e in Normandia. A volte necessitava la spinta di un altro carro armato (75 costruiti).
- **Mine Exploder T1E4:** carro armato antimine sviluppato nel 1944 dotato di 16 dischi nella parte anteriore
- **Mine Exploder T1E5:** carro armato antimine basato sul T1E3 ma con dischi anteriori più piccoli Sviluppato nel luglio 1944.
- **Mine Exploder T1E6:** carro armato antimine simile al T1E3 ma con dischi seghettati (sperimentale).
- **Mine Exploder T2E1:** carro armato antimine sviluppato per il Corpo dei Marines, utilizzato con il veicolo di recupero carri armati M32 mediante boom. Insoddisfacente e abbandonato nell'ottobre 1944.
- **Mine Exploder T2 Flail:** carro armato antimine di progettazione britannica (Crab I)
- **Mine Exploder T3:** carro armato antimine basato sul British Scorpion. Questa versione fu considerata insoddisfacente e lo sviluppo fu interrotto nel 1943.
- **Mine Exploder T3E1:** carro armato antimine T3 con bracci più lunghi e rotore a catena. Abbandonato come il suo predecessore.
- **Mine Exploder T3E2:** carro armato antimine basato sul T3E1 ma con un rullo al posto del rotore a catena.
- **Mine Exploder T4:** carro armato antimine britannico *Crab II*
- **Mine Exploder T7:** carro armato antimine sviluppato alla fine del 1943, dotato di un telaio dotato di piccoli rulli ciascuno composto da 2 dischi. Abbandonato perché ritenuto insoddisfacente.
- **Mine Exploder T8:** carro armato antimine dotato di raccoglitori in acciaio montati su telaio girevole. Questi raccoglitori battevano il terreno nella parte anteriore del carro, proprio come un picchio. Questo carro armato era difficile da manovrare, il che gli valse il soprannome di "Johnnie Walker"
- **Mine Exploder T9:** carro armato antimine dotato di 6 rulli. Difficile da guidare.

▲ Versione canadese del mezzo antiaereo, denominta Grizzly.

Carro armato medio US Sherman versione ARV Dozer M1A1 con bocche/prese d'aria metalliche per operazioni anfibie appartenente al 6th Marine Tank Battalion, Okinawa 1945.

- **Mine Exploder T9E1:** carro antimine più leggero del T9, poco efficace perché alcune mine non esplodevano.
- **Mine Exploder T10:** carro armato antimine dotato di un'unità (triciclo) posta sotto il carro armato, comandata a distanza dal carro armato successivo. Difficile da controllare e alla fine abbandonato.
- **Mine Exploder T11:** carro armato antimine armato con 6 mortai frontali (sperimentale).
- **Mine Exploder T12:** carro armato antimine armato con 23 mortai. Questo modello, sebbene efficace, fu anch'esso abbandonato.
- **Mine Exploder T14:** carro armato M4 standard con armatura rinforzata e cingoli rinforzati. Abbandonato alla fine della guerra.
- **Snake Equipment per M4:** carro armato Sherman standard che spinge una carica esplosiva a forma di serpente (usato dai fanti americani, in particolare durante lo sbarco in Normandia).
- **Mine Excavator T4:** carro armato dragamine sviluppato nel 1942 dotato di vanga. Complicato e quindi abbandonato.
- **Mine Excavator T5:** carro armato dragamine simile al T4 ma con una vanga a forma di V. Una versione modificata è stata designata T5E1.
- **Mine Excavator T2E2:** Carro di sminamento basato sul Dozer M4 con bracci idraulici che consentono di abbassare o sollevare la lama.
- **Mine Excavator T6:** serbatoio di sminamento dotato di vanga a V. Insoddisfacente per l'impossibilità di controllare la profondità.
- **Mine Excavator T5E3:** carro armato dotato di vanga angolare montata nella parte anteriore di un supporto Dozer M1.

▲ Veicolo da trasporto Sherman getta ponte Twaby Ark con rampe in posizione di marcia, 4 aprile 1945.

Carro armato medio UK Sherman V Mark I ARV, appartenente al 4th Platoon, 24th Uhlan Regiment, 1944.

▲ Modello di uno Sherman sminatore americano del tipo T1E3. Realizzato dal club modellistico I Picchiatelli (BG).

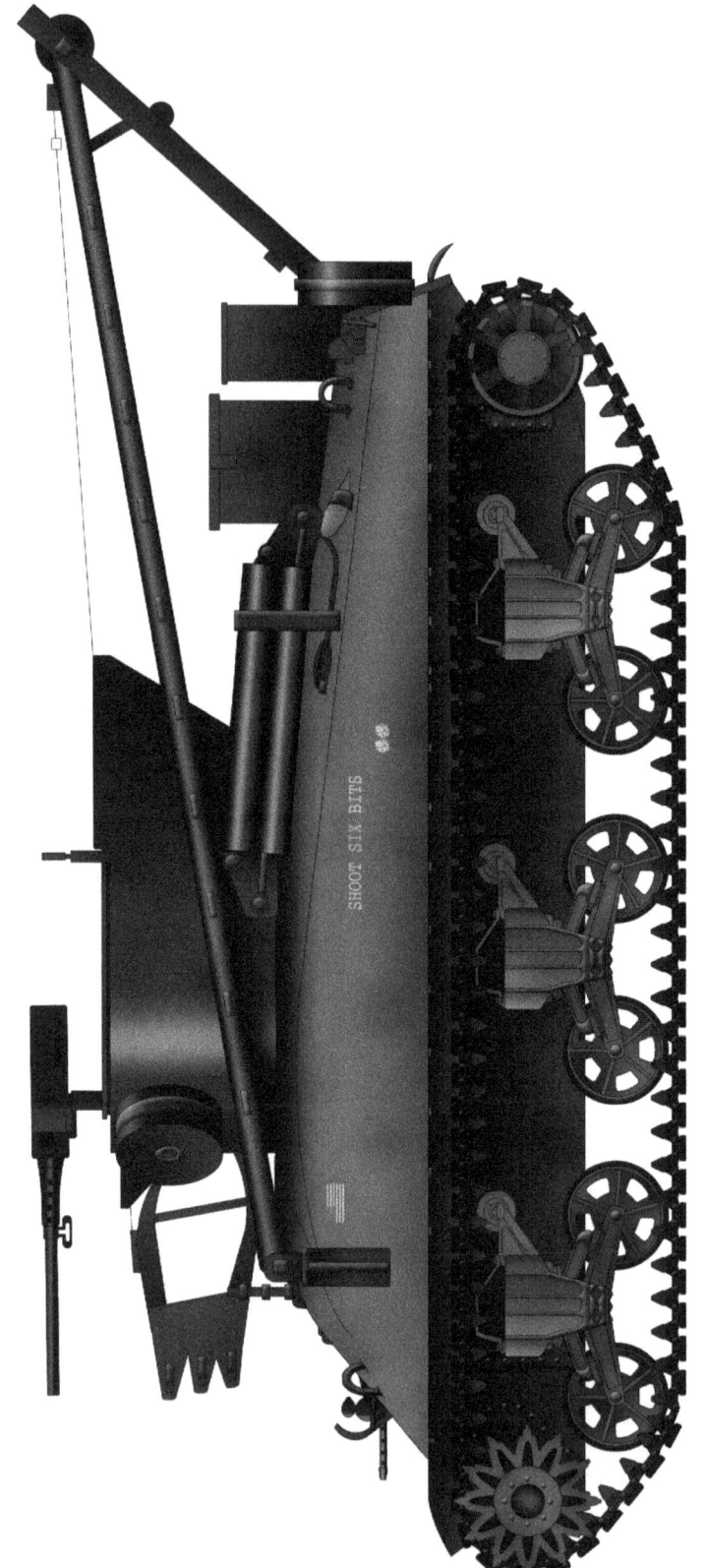

Carro armato medio UK Sherman M32B1 TRV, in azione a Saint-Mère-Eglise, Francia, giugno 1944.
Questo veicolo di recupero è basato sul telaio a scafo fuso dell'M4A1. La versione qui mostrata è un modello di prima produzione.

Veicoli corazzati lanciafiamme

- **E4R2-5R1, E4R3-ER1, (M3-4-3)** Carro lanciafiamme: lanciafiamme montati al posto della mitragliatrice dello scafo.
- **E4R4-4R 5-6RC Flame Gun**: lanciafiamme montato al posto della mitragliatrice dello scafo. I serbatoi erano installati all'interno del carro armato.
- **POA Flame Thrower**: carro armato lanciafiamme il cui ugello lanciafiamme era installato nel tubo del cannone da 105 mm (US Navy Mk I).
- **POA-CWS 75-H1:** carro armato lanciafiamme il cui ugello era installato nel tubo del cannone da 75 mm.
- **POA-CWS 75-H2:** carro armato lanciafiamme il cui ugello era installato a destra del cannone da 75 mm.
- **E6-R1 Flame Gun:** carro armato lanciafiamme il cui ugello era installato al posto del periscopio del cannoniere dello scafo.
- **E6-R7 Flame Gun:** carro armato lanciafiamme il cui ugello (di piccole dimensioni) sostituisce il cannone.
- **Ronson Flame Gun:** carro armato lanciafiamme canadese.
- **M4 Crocodile:** carro armato lanciafiamme che utilizza l'equipaggiamento British Crocodile.
- **Scafo speciale per carri armati antiuomo E1:** lanciafiamme (4) installati sul corpo del carro per la difesa ravvicinata contro i fanti giapponesi.

Veicoli corazzati lanciarazzi

- **Lanciarazzi T34 Calliope:** carro lanciarazzi dotato di rampe da 60 tubi lanciarazzi (100-150 mm), montati sulla torretta.
- **Lanciarazzi T34E1:** carro lanciarazzi dotato di due rampe di 7 tubi lanciarazzi, montati sulla torretta.
- **Lanciarazzi T34E2:** carro lanciarazzi dotato di rampe di 60 tubi lanciarazzi (lunghi) (182,8 mm), montati sulla torretta.
- **Lanciarazzi T39**: carro lanciarazzi dotato di due apparati (con porte) di 20 lanciarazzi (182,8 mm), montate sulla torretta (sperimentale).
- **Lanciarazzi T40(M17) WhizBang:** carro armato lanciarazzi dotato di due apparati (con porte) o telaio di 20 tubi (182,8 mm), montato sulla torretta.
- **Lanciarazzi T40 versione corta:** come il precedente ma con tubi più corti
- **Lanciarazzi T72:** carro lanciarazzi dotato di piccoli tubi. Mai usato.
- **Lanciarazzi T73:** carro armato lanciarazzi simile al T40 ma con 10 lanciarazzi.
- **Lanciarazzi T76:** carro armato M4A1 dotato di tubo lanciarazzi (182,8 mm) al posto del cannone. Mai usato.
- **Lanciarazzi T99:** carro lanciarazzi dotato di due apparati da 22 tubi (114 mm), montati sulla torretta.
- **Lanciarazzi T105:** carro armato lanciarazzi M4A1 dotato di alloggiamento monotubo al posto del cannone.

Veicoli corazzati di altro tipo

- **Mezzo con cannoni multipli T52:** carro armato multi-cannone sviluppato da Firestone, armato con cannoni da 40 mm o da un cannone da 40 mm e due mitragliatrici da 12,7 mm in una torretta rotante. Ritenuto troppo lento, il progetto fu abbandonato nell'ottobre 1944.
- **Carro armato da demolizione T31:** carro armato M4A3 (105) con lanciarazzi da 182,8 mm montati su ciascun lato della torretta. Mai usato.
- **M4 Duplex (DD):** carro armato anfibio dotato di boa gonfiabile e spinto in acqua da eliche. Poco efficaci, molti di essi affondarono durante lo sbarco in Normandia.
- **M4 Sherman BARV (Beach Armored Recovery Vehicle):** Progettato per operazioni anfibie, il BARV era utilizzato per trainare veicoli immobilizzati in acque poco profonde o sulla spiaggia.
- **M4 con dispositivo di scarico anfibio:** carro armato anfibio dotato di maniche d'aria che consentono il flusso d'aria al motore e allo scarico.
- **Carro T14:** inglesi e americani tentarono insieme di creare un super Sherman. Lo sviluppo di questo carro armato fu molto lento e non fu mai completato prima della fine della guerra in Europa. Il carro armato era comunque troppo pesante e il sostituto dello Sherman, l'M26 Pershing, era già in produzione.
- **Sherman Kangaroo:** carro canadese convertito in veicolo corazzato per il trasporto truppe "Kangaroo".

▲ Un carro armato M32A1 ARV dell'esercito pakistano ora esposto nel Parco nazionale di Ayub.

▼ Carro Sherman ARV MK I, (Armoured Recovery vehicle), operativo nella zona di Caen. Luglio-agosto 1944.

CARRI RECUPERO-DEL GENIO-ANTIMINE

La maggior parte dei carri armati Sherman furono convertiti in carri per l'uso del Genio militare: carri recupero, gru, bulldozer, trasporto e trattori di artiglieria, di seguito indichiamo la storia e le caratteristiche dei più noto fra loro.

◼ ARV VEICOLO CORAZZATO RECUPERO (M32)

Il veicolo di recupero carri armati M32, noto come ARV (Armored Recovery Vehicle), era un mezzo corazzato utilizzato principalmente dagli Stati Uniti durante la Seconda guerra mondiale e la successiva Guerra di Corea. Derivato dal telaio del carro armato medio M4 Sherman, venne impiegato anche dagli inglesi, che ne ricevettero diverse centinaia attraverso il programma Lend-Lease nel 1944.

I primi prototipi, identificati come: T5, T5E1, T5E2, T5E3 e T5E4, furono completati nel gennaio 1943. Dopo vari test presso l'Aberdeen Proving Grounds, vennero approvati i modelli M32, M32E1, M32E2, M32E3 e M32E4, sebbene quest'ultimo non entrò mai in produzione. Esistevano anche versioni dotate di sospensioni a molla a voluta orizzontale (HVSS), contraddistinte dal suffisso "A1" nel numero del modello.

▲ Un veicolo di recupero M32B1A1 dell'esercito americano in retromarcia in un fosso dopo aver superato un ponte sulla strada per Hamhung durante la guerra di Corea, 1953. Colorazione dell'autore.

Carro armato medio Sherman ARK (Armored Ramp Carrier) del 28° Assault Squadron, 2nd New Zealand Division, aprile 1945.

Entrarono in servizio nel luglio 1943 rimanendo attivi fino al settembre 1953 nell'esercito americano. Assai di più presso altre forze armate dei seguenti paesi: Regno Unito, Indonesia, Israele, Messico, Pakistan, Jugoslavia. Parteciparono quindi a tutti i conflitti, dalla Seconda guerra mondiale, alla Guerra di Corea, Crisi di Suez, Guerra indo-pakistana del 1965, Guerra dei Sei Giorni, Guerra dello Yom Kippur

La produzione ebbe inizio nel giugno 1943 presso la Lima Locomotive Works con cinque veicoli pilota, seguiti da vari modelli. Tra i produttori figuravano anche la Pressed Steel Car Company, la Baldwin Locomotive Works e la Federal Machine and Welder Company. Complessivamente furono prodotti 1.562 esemplari fino al maggio 1945. Alcuni veicoli furono convertiti in M34 Prime Movers per il traino di artiglieria pesante.

L'M32 venne utilizzato in Europa a partire dal 1944, durante l'Operazione Overlord e nelle successive campagne. Fu impiegato anche nella Guerra di Corea, ma venne gradualmente sostituito dall'M74 nel 1954 per supportare carri armati più moderni e pesanti, come l'M46 Patton. Il veicolo era equipaggiato con un verricello da 27 tonnellate, un braccio da 5,5 m e un braccio a forma di A, con un armamento leggero per difesa e supporto durante le operazioni di recupero.

■ CARRO DOZER M1A1

L'esperienza maturata durante la Seconda Guerra Mondiale portò l'Esercito degli Stati Uniti a comprendere l'importanza di dotarsi di veicoli specializzati per il Genio, come bulldozer corazzati capaci di operare anche sotto il fuoco nemico. Inizialmente, si tentò di adattare veicoli commerciali già in dotazione, rinforzandoli con corazzature improvvisate. Tuttavia, questa soluzione si rivelò insufficiente. Le protezioni di tali mezzi erano troppo leggere per resistere a un intenso fuoco nemico, e l'assenza di armamenti rendeva questi mezzi incapaci di difendersi autonomamente. Nel gennaio 1942 si avviarono allora i primi esperimenti per montare una lama da bulldozer su un carro armato, ma i risultati furono insoddisfacenti, principalmente a causa del design della lama, derivato dai modelli commerciali, poco adatto all'uso mi-

SCHEDA TECNICA	
	Sherman ARV M32 USA-UK
Lunghezza	5920 mm
Larghezza	2700 mm
Altezza	2940 mm
Data entrata in servizio/uscita	Luglio 1943 fino al settembre 1953 (US Army)
Peso totale	30 tonnellate
Equipaggio	4 (comandante, autista, serventi)
Motore	Motore radiale Continental R975 a 9 cilindri, da 350-400 CV
Velocità massima	39 km/h su strada 25 km/h fuori strada
Autonomia	240 km su strada, 190 fuori strada
Sospensione	Sospensione a molla a voluta verticale (VVSS)
Corazza	Da 13 a 51 mm
Armamento	1 mortaio da 81 mm M3 L/40 con 97 colpi 1 mitragliatrici Browning M2HB cal. 50 1 mitragliatrici Browning M1919A4 cal .30 (7,62 mm)
Produzione	Oltre 1.500 fino alla fine della WWII

Carro armato medio Sherman fascine carrier, del 28th Assault Squadron, della New Zealnd Division, 1944-45.

▲ Sherman ARV Dozer M1A1 già in dotazione all'esercito italiano e ora conservato a Bellinzago Novarese (NO).

Carro armato medio Sherman V ARV MARK I con attrezzatura speciale, 4ª Brigata corazzata, Gran Bretagna 1944.

litare. Nonostante i primi fallimenti, i genieri continuarono però a sviluppare il progetto, collaborando con l'Ordance Department e due aziende, Le Tourneau e La Plante-Choate. All'inizio del 1943, queste ultime presentarono due nuovi prototipi. Tuttavia, anche questi modelli soffrivano di un design inefficiente della lama, portando nuovamente al fallimento degli esperimenti. Di conseguenza, i fondi per il progetto furono tagliati nel giugno 1943.

Nonostante le difficoltà, quando sembrava tutto oramai perso, la determinazione del Genio e la disponibilità delle due aziende permisero infine la realizzazione di due nuovi prototipi autofinanziati.

Questi modelli, testati con successo, dimostrarono prestazioni comparabili a quelle del bulldozer Caterpillar D8 standard. Il risultato spinse le autorità a standardizzare un modello unico, denominato Tank-Mounted Bulldozer M1", più tardi semplicemente Dozer! Questo nuovo mezzo combinava le migliori caratteristiche dei prototipi precedenti. Ne furono prodotti quasi 2.000 esemplari, rivelatisi fondamentali, nel corso della guerra, per la rimozione di ostacoli nelle zone di combattimento.

Dopo la Seconda Guerra Mondiale, alcuni di questi veicoli furono acquisiti anche dall'Esercito Italiano. Questi mezzi durarono parecchi anni nelle forze armate italiane, e vennero sostituiti solo negli anni 80, quando ai reparti del Genio arrivarono i Pionier Leopard permettendo all'esercito di dotarsi di un nuovo veicolo corazzato progettato specificamente per operazioni di movimento terra.

Uno degli esemplari superstiti, oggi considerato una rarità, è conservato presso il museo all'aperto del 4° Reggimento Carri di Bellinzago Novarese (NO). Un altro veicolo, privo di armamento, fa parte oggi della collezione del Museo della Motorizzazione a Roma.

Subito dopo lo sbarco in Normandia, il Dozer fornito della lama da Caterpillar D8 venne ampiamente utilizzato nel nord fella Francia, per creare aeroporti e campi base in aree boschive. Inizialmente utilizzato anche per farsi largo fra i rovi impenetrabili nel Bocage normanno, successivamente venne opportunamente sostituito dagli Sherman equipaggiati con il kit Culin Cutter che si dimostrò assai più efficace per questo particolare compito.

▲ Sherman ARV Dozer M1A1 già in dotazione all'esercito italiano e ora conservato a Bellinzago Novarese (NO). Altri particolari delle leve di appoggio della lama da bulldozer.

M4 Sherman antimine britannico "Crab" (granchio) 1944-1945.

ALTRI VEICOLI DEL GENIO

L'**M4 Doozit** era un veicolo apripista basato sull'M4 Sherman, equipaggiato con cariche di demolizione montate su una piattaforma di legno. Tuttavia, a differenza del T40 WhizBang, questo modello non fu mai impiegato in combattimento.

L'**M4 Bridgelayer** era una variante dell'M4 Sherman, sviluppata in diverse versioni sia dagli Stati Uniti sia dai Paesi del Commonwealth. Introdotta per la prima volta in Italia, questa configurazione prevedeva un M4 senza torretta, dotato di un ponte d'assalto supportato da un telaio con contrappeso posteriore. Tra le varianti britanniche vi erano la Fascine Crib Carrier, la Twaby Ark, la Octopus utilizzata dalla 79ª Divisione corazzata, la Plymouth (equipaggiata con un ponte Bailey) e lo Sherman AVRE statunitense con un ponte Small Box Girder.

VEICOLI CORAZZATI ANTIMINE

I carri antimine erano dotati di un dispositivo montato sul mezzo che permetteva di attraversare un campo minato in sicurezza facendo esplodere deliberatamente le mine davanti al veicolo che lo trasportava. Questo tipo di arma venne utilizzata per la prima volta dagli inglesi durante la Seconda Guerra Mondiale. Il primo modello britannico detto *Crab* era costituito da una serie di pesanti catene che terminavano con sfere d'acciaio delle dimensioni di un pugno (flail), collegate a un rotore orizzontale a rotazione rapida montato su due bracci posti davanti al veicolo. La rotazione del rotore faceva ruotare le palle terminali d'acciaio all'impazzata e sbattere violentemente sul terreno. La forza dell'impatto di un flail su una mina sepolta simulava il peso di una persona o di un veicolo e provocava l'immediata detonazione della mina, ma in modo sicuro e con pochissimi o nulli danni alle stesse catene o al veicolo.

▲ Sherman veicolo da recupero M74. Aggiornamento dell'M32 per fornire la stessa capacità per quanto riguarda i carri armati più pesanti del dopoguerra, convertiti dai carri armati M4A3 HVSS. Nell'aspetto, l'M74 è molto simile all'M32, dotato di una gru A-Frame, un argano di traino principale, un argano ausiliario e un argano di servizio manuale. L'M74 ha anche una vanga montata anteriormente che può essere utilizzata come supporto o come lama di un bulldozer.

▲ Uno Sherman polacco rinforzato da sacchi di sabbia, zona di Cassino, Italia. Maggio 1944.

▲ Vista anteriore del sistema antimine dello Sherman britannico Crab.

M4 Sherman antimine T1E3 "Aunt Jemima" USA, servzio in Europa, 1944-1945.

▲ Vista dall'alto dello Sherman antimine T1E3 "Aunt Jemima".

SHERMAN ANTIMINE BRITANNICI TIPO CRAB (GRANCHIO)

Gli inglesi, all'avanguardia in questo settore sviluppparono diversi carri armati sperimentali dotati di flagelli per lo sminamento, tra cui lo *Scorpion* basato sul carro Valentine. Ma furono soprattutto quelli studiati per lo Sherman che ebbero maggiore successo, come il *Mark V Scorpions* e il cosiddetto *Sherman Lobster*. Alla fine, il modello che la spuntò su tutti fu lo *Sherman Crab* (vedi profilo a pag. 24).
Questo fu messo in produzione su larga scala, su richiesta del maggiore generale Hobart, e venne immediatamente impiegato in operazioni attive.
Il flagello del Crab era alimentato dal motore principale del carro. La trasmissione dello Sherman fu modificata per includere una presa di forza, eliminando la necessità di un motore ausiliario esterno. Il rotore del Crab, che trasportava 43 flagelli, ruotava a 142 giri al minuto grazie a un albero motore posizionato sul lato destro del carro. Per garantire un funzionamento efficiente anche a velocità ridotte, come in salita, fu aggiunto un cambio per regolare la velocità del flagello.
Un'innovazione fondamentale del Crab fu l'integrazione di lame sul rotore, che tagliavano il filo spinato, impedendo ai flagelli di aggrovigliarsi. Questa soluzione lo rese particolarmente efficace anche nel rimuovere ostacoli di filo spinato. La versione iniziale del Crab prevedeva bracci idraulici per regolare l'altezza del flagello, mentre la variante migliorata, detta *Mark II Contouring Crab*, adottò un sistema con bracci contrappesati che si regolavano automaticamente, garantendo l'efficacia anche su terreni irregolari. Uno scudo antideflagrante tra il flagello e il carro offriva inoltre una supplettiva protezione dalle esplosioni, mentre la mitragliatrice posta nello scafo fu rimossa poiché il flagello e lo scudo ne bloccavano il campo visivo. Il Crab pesava circa 32 tonnellate, due in più rispetto a un normale Sherman.
Per marcare i percorsi sicuri attraverso i campi minati, i Crab erano equipaggiati con bidoni di polvere di gesso che tracciavano i bordi del sentiero. Due alberi spia luminosi montati sul retro del carro permettevano ai Crab di mantenere la formazione quando operavano in gruppo. Tuttavia, le dense nuvole di polvere riducevano la visibilità, rendendo fondamentale un attento coordinamento per evitare di lasciare zone non sminate.

▲ Uno Sherman antimine americano T1E3 denominato "Zia Jemima" dal nome di una famosa farina per la preparazioni di dolci a forma di giganteschi pancake!

M4 SHERMAN ANTIMINE T1E3 "AUNT JEMIMA"

Oltre agli inglesi, che, come accennato, erano all'avanguardia in questo tipo di mezzi antimine, anche gli americani trassero insegnamenti significativi dall'esperienza accumulata nel teatro nordafricano. Le informazioni raccolte dall'intelligence riguardo alle fortificazioni costiere e di confine tedesche in Europa evidenziarono che l'offensiva alleata nel nord del continente avrebbe dovuto affrontare numerosi campi minati, integrati nelle difese dell'Asse. Si prevedeva inoltre la presenza di mine disseminate e di campi minati improvvisati lungo le direttrici dell'avanzata, in particolare durante le fasi di stabilizzazione del fronte.

Di conseguenza, l'addestramento al combattimento si focalizzò sullo sviluppo di tecniche d'assalto capaci di superare rapidamente le aree minate. Particolare attenzione fu dedicata alla creazione di attrezzature specializzate per la bonifica delle mine, progettate per aprire varchi sicuri attraverso l'esplosione controllata degli ordigni, resistendo al contempo al fuoco nemico. Furono sviluppati vari dispositivi per neutralizzare le mine nascoste. Come illustrato in precedenza, gli inglesi privilegiarono il sistema a flagello, basato su catene rotanti. Gli americani, invece, adottarono dispositivi progettati per attivare le mine attraverso la pressione esercitata da meccanismi meccanici, quali rulli, pistoni, dischi o flagelli. Questi strumenti furono ideati per essere robusti, efficaci, facili da utilizzare e da mantenere.

Il più famoso modello adottato dall'esercito americano fu il *Mine Exploder T1E3 Aunt Jemima*: l'Aunt Jemima T1E3 deve il suo nome al logo di un famoso preparato per dolci, perché qualcuno pensò che le

▲ Un altro sminatore T1E3, questa volta montato su di uno Sherman ARC veicolo recupero.

▲ Fronte e retro dello Sherman antimine T1E3 Aunt Jemima.

grandi ruote dell'esplosivo assomigliassero a dei giganteschi pancake.

Il T1E3 diede buoni risultati durante i test, ma si rivelò assai poco pratico durante il servizio operativo. Secondo un rapporto, per effettuare un'inversione a U, ad esempio, era necessaria una distanza pari a tre campi da football! Il dispositivo distruggeva bene le mine grazie al suo peso considerevole, ma ciò lo rendeva anche parecchio problematico in termini di mobilità, specialmente su terreni morbidi dove tendeva ad affondare. In queste situazioni, spesso era necessario richiamare l'intervento di altri carri armati Sherman per spingerlo fuori da posizioni precarie…

Le poche unità statunitensi che lo impiegarono furono presto sovrastate dai problemi legati alla sua manovrabilità, perdendo quindi ogni interesse nell'utilizzarlo. In confronto, il dispositivo britannico "Crab", presentato prima, che utilizzava catene rotanti montate su uno Sherman per neutralizzare le mine, si dimostrò molto più efficace e pratico.

▲ Sherman antimine USA versione T1E3.

SCHEDA TECNICA	
	Sherman Antimine T1E3 USA
Lunghezza dispositivo	3600 mm
Larghezza dispositivo	3300 mm
Diametro dei dischi	2400 mm
Data entrata in servizio/uscita	Luglio 1944-1945
Peso totale	26 tonnellate + 2 tonnellate per disco
Equipaggio	4 (comandante, autista, serventi)
Produttore	Società di Whiting
Velocità massima di appoggio	4,8 km/h in fase pulizia antimina 16 km/h in crociera/spostamento
Autonomia	150 km su strada, 190 fuori strada
Massima profondità trincea	1 metro
Produzione	circa 75 ma solo una trentina operativi

▲ Altre immagini del carro armato versione antimine americano T1E3, che ben rendono l'idea dell'ingombro del pesante dispositivo applicato sul davanti del mezzo corazzato.

CARRI SPECIALI SU SCAFO M4 SHERMAN

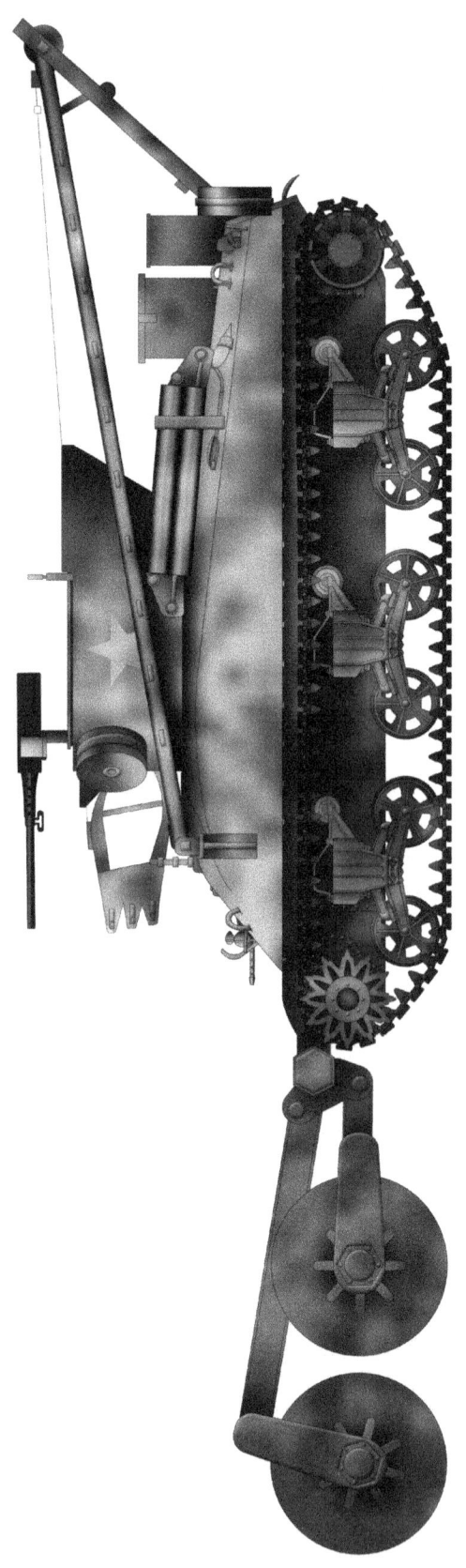

M4 Sherman antimine americano T1E3 montato sulla versione ARV (armoured recovery vehicle) - servzio in Europa, 1944-1945.

CARRI VERSIONE ANFIBIA

M4 SHERMAN ANFIBIO DD "DUPLEX DRIVE"

Il carro armato *Sherman DD*, acronimo di *Duplex Drive* e dagli inglesi denominato scherzosamente "Tank Donald Duck", era un mezzo anfibio progettato dagli inglesi durante la Seconda Guerra Mondiale. Questo termine si riferisce principalmente alla variante Duplex Drive del carro medio M4 Sherman, impiegato dalle forze alleate occidentali durante lo sbarco in Normandia nel giugno 1944 e nei successivi conflitti. In sostanza i carri DD, come il nostro Sherman, erano dotati di una particolare struttura di galleggiamento in tela che permetteva al veicolo di galleggiare e navigare sull'acqua. La propulsione avveniva tramite eliche montate appositamente per l'uso anfibio, mentre la trazione cingolata tradizionale veniva riutilizzata una volta abbassati gli schermi anfibi per operare come carri armati standard.

Venne utilizzato principalmente dagli eserciti del Regno Unito, Canada, Stati Uniti.

Il design fu opera dell'ingegnere Nicola Straussler, che lo sviluppò tra il 1941 e il 1944. Oltre al modello DD Sherman, furono create altre versioni come il DD Valentine e il DD Cacciacarri M-10. La velocità massima del carro in modalità anfibia raggiungeva i 4 nodi (7 km/h).

In combattimento

L'impiego principale dei carri armati DD avvenne durante il D-Day, il 6 giugno 1944. Quello fu il vero battesimo di fuoco di questi mezzi rivoluzionari. Successivamente, furono utilizzati anche in altre operazioni significative, come l'*Operazione Dragoon*, l'invasione alleata della Francia meridionale il 15 agosto 1944, l'*Operazione Plunder*, che segnò l'attraversamento britannico del Reno il 23 marzo 1945, e alcune missioni sul fronte italiano nel 1945. Un certo numero di questi carri fu anche inviato in India, dove il 25° Reggimento

▲ Carro armato anfibio Sherman DD (Duplex Drive) con schermo galleggiante impermeabile. In acqua, lo schermo galleggiante veniva sollevato e le eliche posteriori entravano in funzione.

Carro armato medio Sherman DD (Duplex Drive), con dispositivo di galleggiamento, appartenente al 10° Rgt. corazzato canadese, Juno Beach, Settore Nan, Normandia, 6 giugno 1944.

Dragoni venne addestrato al loro utilizzo, ma le operazioni previste contro i giapponesi in Malesia alla fine non furono mai realizzate. Durante il D-Day, il carro DD Sherman fu assegnato a otto battaglioni di carri armati delle forze americane, britanniche e canadesi per supportare lo sbarco in Normandia.

I carri venivano trasportati su Tank Landing Craft (LCT), ossia i mezzi da sbarco per carri armati. Normalmente, un LCT poteva trasportare nove Sherman standard, ma il design più voluminoso dei DD riduceva la capacità: i mezzi britannici e canadesi potevano caricarne cinque, mentre quelli americani, più piccoli con una lunghezza di circa 37 metri (120 piedi), ne ospitavano solo quattro. I carri DD venivano lanciati in mare a circa 3 chilometri (2 miglia) dalla costa. Da lì, "nuotavano" autonomamente verso le spiagge per supportare l'assalto alle difese tedesche. Tuttavia, le loro prestazioni variarono tra successi significativi e grossi fallimenti, rimanendo soprattutto noti per le gravi perdite subite durante l'assalto a Omaha Beach. Nel complesso, infatti, su tutte le spiagge, tranne la "Sword", molti pezzi finirono sott'acqua provocando, in alcuni casi anche la perdita dei suoi sfortunati equipaggi. Ad Omaha beach andarono persi quasi tutti i carri.

M4 SHERMAN ANFIBIO "BARV"

Il veicolo corazzato da recupero da spiaggia (BARV) era un veicolo corazzato da recupero utilizzato per sbarchi anfibi.

Furono realizzati tre diversi BARV al servizio della Gran Bretagna dalla loro introduzione durante la seconda guerra mondiale. Il mezzo venne utilizzato anche dalle forze armate olandesi e australiane.

Il BARV originale era una variante del carro armato Sherman M4A2, modificata per renderla impermeabile.

La torretta originale del carro veniva ovviamente rimossa e sostituita con una sovrastruttura corazzata e rialzata. Circa 60 di questi veicoli specializzati furono impiegati sulle spiagge durante l'invasione della Normandia. Progettato per operare in acque fino a una profondità massima di 2,7 metri, il BARV veniva principalmente utilizzato per sgomberare veicoli bloccati o sommersi che ostruivano l'accesso alle spiagge. Era anche impiegato per disincagliare piccole imbarcazioni da sbarco e altri mezzi arenate sulla sabbia. Una particolarità di questo carro era la presenza di un sommozzatore tra i membri dell'equipaggio, incaricato di agganciare catene di traino ai veicoli intrappolati.

Il BARV fu un mezzo sviluppato e gestito dai Royal Electrical and Mechanical Engineers. Il modello Sherman M4A2 fu scelto come base perché il suo scafo saldato era considerato più facile da rendere impermeabile rispetto a quelli di altri carri armati. Inoltre, l'M4A2 era alimentato da un motore diesel, ritenuto più resistente ai cambiamenti improvvisi di temperatura dovuti all'immersione regolare in acque fredde. Alcuni esemplari di Sherman BARV, mezzo dimostratosi longevo, rimasero in servizio fino al 1963, quando furono sostituiti da una versione aggiornata basata sul carro armato Centurion.

M4A2 con dispositivo di galleggiamento T6, 711° battaglione carri armati dell'esercito americano 1944.

▲ Varie immagini di operazioni con mezzi Sherman anfibi, DD e BARV. Si vede bene il funzionamento della struttura galleggiante, che però, alla prova dei fatti, in presenza di mare mosso si rivelò quasi fallimentare.

Veicolo blindato britannico da spiaggia (BARV), Royal Electrical and Mechanical Engineers (REME), Normandia, giugno 1944.

CARRI SPECIALI SU SCAFO M4 SHERMAN

Carro armato medio USA Sherman lanciafiamme M4 *Crocodile Flamethower tank*, del 739th Tank Battalion, Germana 1945.

CARRI LANCIAFIAMME, A.A. E LANCIARAZZI

M4 SHERMAN LANCIAFIAMME

L'efficacia dimostrata in combattimento dal carro lanciafiamme Satan montati sui carri leggeri M3A1, spinse i comandanti delle unità corazzate a richiedere un'installazione simile sui carri medi Sherman M4. Per questo, si pensò di riutilizzare le canne dei vecchi cannoni da 75 mm per montare le lance di emissione dei lanciafiamme. Il risultato fu un nuovo modello di carro, ufficialmente denominato PO-A-CWS "75" H-1 (dove "H" stava per "Hawaii"), che venne impiegato in battaglia durante le operazioni sulle isole Ryūkyū. Successivamente, il veicolo fu utilizzato a Okinawa in una configurazione particolare, ideata per eliminare i difensori giapponesi nascosti in caverne profonde.

Entrambi i modelli sostituivano il cannone principale con il lanciafiamme, una soluzione poco apprezzata dagli equipaggi, che avrebbero preferito mantenere una potente arma difensiva. Si era già tentato di installare un lanciafiamme accanto al cannone su alcuni carri armati Sherman, e nelle fasi finali degli esperimenti alcuni M4 con cannoni da 75 mm o obici da 105 mm furono equipaggiati con lanciafiamme coassiali. Tuttavia, la carenza di pezzi di ricambio impedì la realizzazione su larga scala di queste modifiche.

In precedenza, erano stati effettuati anche tentativi di montare lanciafiamme portatili su carri leggeri, sparando attraverso feritoie ricavate nello scafo, ma con scarsi risultati. Così, nell'ottobre 1943, fu chiesto al servizio chimico di sviluppare un lanciafiamme sostituibile con la mitragliatrice in casamatta per i carri M3, M4 e M5. Ne furono prodotti ben 1784 del modello M3-4-3, destinati agli M4.

Molti di questi mezzi vennero utilizzati sia in Europa che nel teatro del Pacifico.

Per mantenere comunque la mitragliatrice in casamatta, fu ideata un'alternativa che prevedeva il montaggio dell'arma sulla torretta, accanto al periscopio del capocarro. Questa configurazione, denominata M3-4-E6R3, venne sviluppata ma non arrivò in tempo per essere impiegata in guerra.

Ancora una volta, furono le truppe stanziate alle Hawaii, che crearono autonomamente lanciafiamme aggiuntivi. Utilizzando il modello portatile M1A1, svilupparono una versione adattabile alla casamatta

▲ Sherman lanciafiamme USA del tipo Crocodile con carrello trasporta combustibile sul retro. Estate 1944.

degli M4 Sherman. Vennero trasformati 176 carri, impiegati nelle campagne di Iwo Jima e Okinawa, ma il loro utilizzo fu limitato poiché le truppe preferivano le modifiche "locali" che prevedevano il montaggio del lanciafiamme sulla torretta.

Sulla base delle dure esperienze maturate dai combattenti durante le battaglie sulle isole giapponesi del Pacifico, fu sviluppato il *lanciafiamme meccanizzato T33*, concepito come un'arma cruciale per l'invasione pianificata delle isole metropolitane giapponesi. Tuttavia, la fine della guerra nel Pacifico interruppe la produzione dopo soli tre prototipi.

Come evidenziato dalle operazioni nel Teatro del Pacifico, il lanciafiamme si rivelò un'arma estremamente efficace, ma il suo utilizzo presentava una grave vulnerabilità tattica: gli operatori dovevano avvicinarsi molto ai bersagli per poter colpire, esponendosi al fuoco nemico.

Nei carri medi M4 Sherman, infine, si sperimentò, col modello T33, una configurazione coassiale al cannone principale, permettendo al veicolo di conservare le sue capacità belliche standard pur aggiungendo la funzionalità del lanciafiamme.

Infine, una successiva variante di lanciafiamme, chiamata Zippo, fu sviluppata dall'USMC, che provvide a schierarla ad Okinawa, in supporto alla 1ª Divisione Marine, nel maggio 1945 (vedi profilo a pag. 45).

■ M4 SHERMAN LANCIARAZZI

Il sistema d'arma T34 (Calliope) era un sistema di lanciarazzi multiplo montato su un carro armato, impiegato dall'esercito degli Stati Uniti durante la Seconda Guerra Mondiale. Questo lanciatore era installato sopra un carro Sherman M4, con telai laterali verticali ben visibili, fissati ai lati della torretta. Era progettato per sparare raffiche di razzi M8 da 4,5 pollici (114 mm) attraverso 60 tubi di lancio.

Una sorta di Katiuscia amaericano sviluppato nel 1943, fu prodotto in quantità limitata e impiegato da diverse unità corazzate statunitensi tra il 1944 e il 1945. Il nome "Calliope" richiamava quello di un organo musicale, dotato di tubi paralleli che ricordavano la configurazione del lanciatore. Fu certamente il più noto dei lanciarazzi studiati per lo scafo dello Sherman.

La versione T34 del sistema Calliope era equipaggiata con un totale di 60 tubi di lancio per razzi, suddivisi in un gruppo fisso superiore da 36 tubi e due gruppi inferiori sganciabili da 12 tubi ciascuno (24 tubi

▲ Sherman americano del tipo M4A3R2 HVSS *Zippo* in azione sull'isola giapponese di Jwo Jima, 1945.

Carro armato medio Sherman T33 HVSS. Alla fine della guerra era considerato il più avanzato carro armato lanciafiamme esistente.

▲ Carro armato medio Sherman T33 HVSS, considerato il più avanzato carro armato lanciafiamme esistente.

▼ Sherman lanciarazzi multiplo da 4,5 pollici M4-Sherman 'Calliope', montato sul carro armato M-4A-3 della 14ª divisione corazzata americana, Francia 1944.

Carro armato medio Sherman M4A3R2 HVSS *Zippo*, variante del lanciafiamme sviluppata dall'USMC. Questo mezzo fu schierato a Okinawa, in appoggio alla 1ª Divisione Marine, maggio 1945.

▲ Vista dall'alto dello Sherman lanciarazzi americano "Calliope".

in totale). I razzi, con un calibro di 4,5 pollici (110 mm) e stabilizzati da alette, contenevano esplosivi ad alto potenziale con una potenza equivalente a quella prodotta da un obice M101. Questi razzi avevano una portata massima fra i 3,5 e i 4 chilometri.

Il lanciatore era collegato alla canna del cannone da 75 mm M2–M6 tramite un braccio articolato fissato al lanciatore con un giunto girevole e al cannone mediante un anello diviso. Questa particolare configurazione permetteva al lanciarazzi di seguire lo stesso movimento verticale del cannone, con un angolo di elevazione e depressione compreso tra +25 e -12 gradi. L'intera struttura era sostenuta da una robusta trave di supporto imbullonata sui lati destro e sinistro della torretta, posizionando il lanciatore circa un metro sopra la torretta stessa.

I razzi venivano azionati elettricamente attraverso cavi che passavano dal portello del comandante del carro armato. Tuttavia, l'installazione del lanciarazzi rendeva inutilizzabile il cannone principale. Per ovviare a questa limitazione, gli equipaggi sul campo apportavano modifiche all'installazione, consentendo al cannone di sparare a un angolo di elevazione ridotto. Le versioni più avanzate del lanciatore includevano deflettori di fiamma per evitare che i gas di scarico dei razzi entrassero nel compartimento motore. Il Calliope venne anche migliorato in due nuove varianti: la T34E1: Simile al T34, ma con gruppi di 14 tubi al posto dei gruppi sganciabili da 12 tubi. E la versione T34E2: Basato sul T34E1, ma con un sistema di accensione dei razzi migliorato.

▲ Sistema lanciarazzi del tipo Whizbang montato su uno M4A1 Sherman denominato Arlene III. Italia, 1944.

▲ Un carro Sherman Calliope Rocket Launcher appartenente alla 3ª armata.

Altro modello di lanciarazzi usato dall'esercito americano fu Il *Rocket Launcher T40/M17 Whizbang*, (vedi profilo a pag. 53) talvolta chiamato anche solo WhizBang. Si trattava di un sistema lanciarazzi multiplo montato su carro armato M4 Sherman, utilizzato dall'esercito statunitense durante la Seconda Guerra Mondiale. Il mezzo disponeva di 20 tubi di lancio da 180 mm. Era progettato per sparare razzi T37 ad alto esplosivo o T21 a carica chimica. Sviluppato nelle fasi finali del conflitto, il Whizbang ebbe un impiego piuttosto limitato tra il 1944 e il 1945. Fu realizzata anche una versione con una configurazione più compatta. Il lanciarazzi consisteva in un telaio di forma parallelepipeda contenente 20 tubi di lancio da 180 mm, disposti in due file da 10. L'intera struttura era integrata con il sistema idraulico del cannone principale del carro, permettendo al lanciarazzi di seguire i movimenti di elevazione del cannone. Inoltre, il sistema era progettato per essere rimosso rapidamente, consentendo al carro di tornare al suo assetto standard e utilizzare il cannone da 75 mm. I razzi potevano essere lanciati uno alla volta o in salve, a seconda delle esigenze tattiche.

■ M4 SHERMAN VERSIONI ANTI AEREE

Il più noto degli Sherman contraerei fu opera dell'esercito canadese. Denominato *Tank AA, 20 mm Quad, Skink* era un semovente antiaereo progettato in Canada tra il 1943 e il 1944 su espressa richiesta della Prima Armata Canadese, allo scopo di proteggere le proprie truppe dagli attacchi della Luftwaffe tedesca. Tuttavia, la produzione venne interrotta nel 1944 dopo la costruzione di soli tre esemplari, a loro volta basati sullo scafo del Grizzly I, lo Sherman canadese. Questa decisione fu presa a causa del declino della minaccia aerea rappresentata dalla Luftwaffe tedesca durante quella fase finale del conflitto.

Il carro montava una torretta completamente chiusa, equipaggiata con quattro cannoncini automatici Polsten da 20 mm, capaci di sparare 650 colpi al minuto per arma. Il sistema idraulico permetteva una rapida rotazione della torretta fino a 65 gradi al secondo e un'elevazione dei cannoni compresa tra -5° e +80°. L'armamento era controllato da un joystick e un mirino a riflettore, offrendo una notevole precisio-

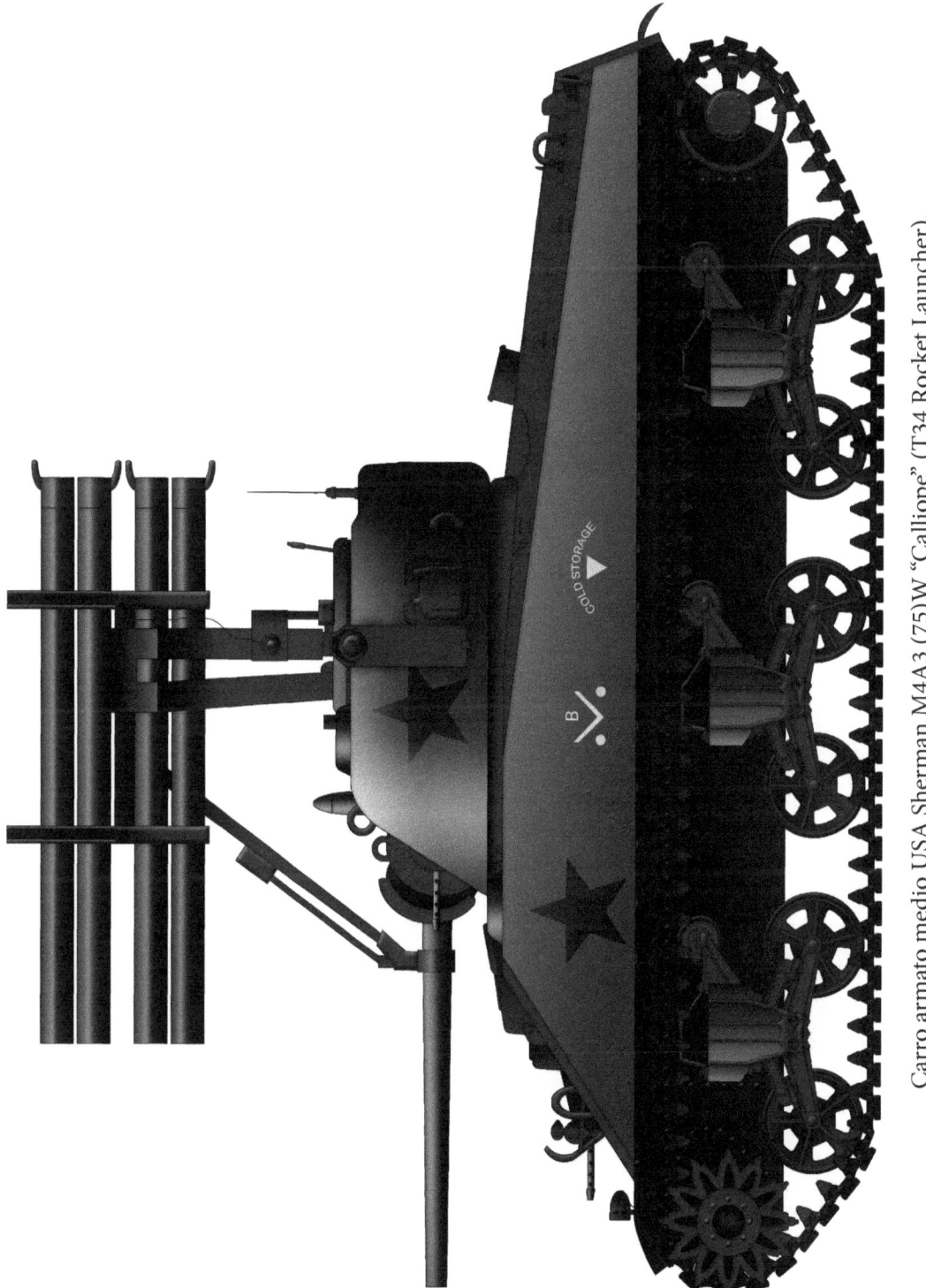

Carro armato medio USA Sherman M4A3 (75)W "Calliope" (T34 Rocket Launcher).

▲ Vista di fronte dello Sherman lanciarazzi americano "Calliope".

▲ Vista di retro dello Sherman lanciarazzi americano "Calliope".

ne. Si trattava, dal punto di vista tecnico, di un mezzo assai avanzato.

Con un peso operativo di circa 28,5 tonnellate, il veicolo era alimentato da un motore radiale Continental R-975C1 da 350 cavalli, che garantiva una velocità massima di 38,5 km/h e un'autonomia di circa 193 km. Nonostante le moderne innovazioni tecniche, il Skink incontrò diversi problemi durante i test. Il passaggio dai cannoni Hispano-Suiza a quelli Polsten richiese molte modifiche alla torretta, con complicazioni nell'alimentazione delle munizioni. Inoltre, i caricatori da 30 colpi erano meno pratici rispetto a quelli da 60, mentre alcuni componenti, come il sistema idraulico e il mirino, necessitavano di ulteriori miglioramenti. Infine, la progettazione del veicolo espose il mitragliere al rischio, poiché doveva sporgersi dal portello durante il fuoco.

Un prototipo del Skink fu inviato in Europa nel 1945 e assegnato alla 2ª Brigata corazzata canadese. Nonostante non vi fosse occasione di ingaggiare aerei nemici, il veicolo si rivelò efficace nel supporto di fanteria, utilizzato per stanare truppe nemiche asserragliate. In un episodio, una raffica dei suoi cannoni spinse 45 soldati tedeschi ad arrendersi, con soli 10 feriti. Tuttavia, il veicolo non affrontò mai altri carri armati e non disponeva di munizioni perforanti adatte allo scopo dii combattimento controcarro.

Un altro mezzo antiaereo fu quello denominato progetto *T52*. Un secondo cannone semovente antiaereo basato sullo Sherman, questa volta di ispirazione statunitense. Si tratta del T52, uno Sherman dotato di torretta girevole con due mitragliatrici leggere agli angoli accoppiate con un 40 mm in una torretta a sfera. Sono tuttavia disponibili pochissime informazioni su questo veicolo.

▲ Carro armato sperimentale Sherman AA, Multiple Gun Motor Carriage T52 1944-45 e modellino dello stesso.

Carro armato medio USA Sherman M4A1 armato con T40/M17 Whizbang 7.2 rocket launcher, del 752ⁿᵈ Battalion, Italia 1944.

▲ Lo Sherman antiaereo canadese Skink. Mezzo moderno e avveniristico, arrivato però tardi nel conflitto.

▲ Sherman T52, pricipale progetto di sistema antiaereo americano montato su scafo Sherman.

Carro armato canadese Sherman "Skink" AA (primo modello), 1ª Armata canadese, Reggimento Elgin, Europa, febbraio 1945.

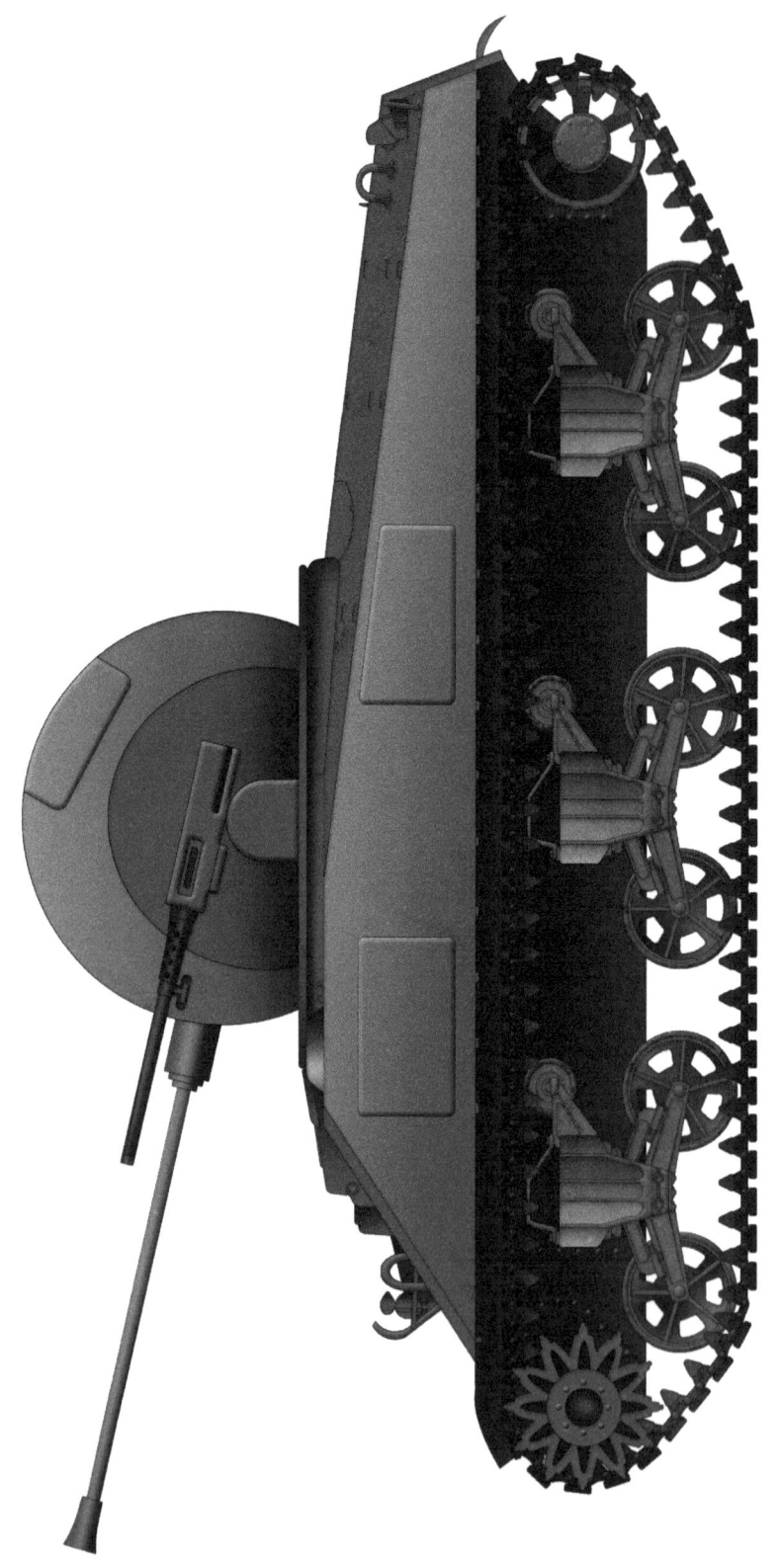

Carro armato sperimentale Sherman AA, Multiple Gun Motor Carriage T52 1944-45.

Carro armato M4 (ultime versioni) HVSS con la nuova torretta M26 Pershing, 1945-50.

BIBLIOGRAFIA

- Bishop, Chris *The Encyclopedia of Weapons of World War II* (2002) Metro Books.
- Calderon e Fernandez, *Sherman the American miracle*, spain 2017
- Chamberlain, Peter; Ellis, Chris. *British and American Tanks of World War II*. New York: Arco.
- Culver B. *"Sherman in Action"*, Squadron/Signal Publications, 1977.
- Doyle David, *Sherman Tank, Vol. 6: M32- and M74-Series Sherman-Based Recovery Vehicles*
- Esteve Michel, Sherman: *The M4 Tank in World War II* Casematte pubblisher
- Fletcher D., *"Sherman Firefly"*, Osprey Publishing Ltd., 2008.
- Ford Roger, *The Sherman Tank: Weapons of War* , History press UK
- Forty G. *"United States Tanks of World War II"*, Blandford Press, 1989.
- Gawrych Wojcisch, *M4A2 Sherman Part 1*. Armor photogallery
- Gawrych Wojcisch, *M4 Sherman WC Firefly*. Armor photogallery
- Askew Michael, *M4 Sherman Tanks: The Illustrated History of America's Most Iconic Fighting Vehicles*
- Hunnicutt, R. P. Sherman, *A History of the American Medium Tank*. 1978; Taurus Enterprises.
- Mesko J., *"Walk Around M4 Sherman"*, Squadron/Signal Publications, 2000.
- Mokva Stanislaw, *M4 Sherman: M4, M4A1, M4A4 Firefly,* Kagero
- Oliver Dennis, *British Sherman tanks 1944-1945*
- Oliver Dennis, *British armor in Sicily and Italy 1944-1945*
- Oliver Dennis, *Sherman tanks US army in Europe 1944-1945*
- Porter, David *Allied Tanks of World War II (World's Great Weapons)* (2014) Amber Books
- Sandars J. *"The Sherman Tank in British Service 1942-45"*, Osprey Publishing, 1982.
- Stansell P., Laughlin K., *"Son of Sherman Vol. 1: The Sherman Design and Development"*, The Ampersand Group, 2013.
- USMC D-F Series Tables of Equipment (TOEs), 1942-1944.
- White B. T., *"British Tanks and Fighting Vehicles 1914-1945"* Ian Allan Ltd., 1970.
- War departement, *M4 Sherman Medium Tank Crew Manual*
- Ware Pat, *M4 Sherman: Entwicklung, Technik, Einsatz*
- Ware Pat, *Char Sherman: Toutes les variantes du M4 depuis 1941*
- Green, Michael *American Tanks & AFVs of World War II*. Oxford. p. 310.
- Nash, Mark (27 January 2018). *"Rocket Launcher T34 'Calliope'"*. Online Tank Museum.
- Andrew May *DD Sherman Tank Warriors: The 13th/18th Royal Hussars through Dunkirk, D-Day and the Liberation of Europe*. Pen & Sword 2024.
- Luigi Manes *The Sherman medium tank* Witness to War. Soldiershop Pubblishing

TITOLI GIÀ PUBBLICATI

ALL BOOKS IN THE SERIES ARE PRINTED IN ITALIAN AND ENGLISH

VISITA IL NOSTRO SITO PER AVERE MAGGIORI INFORMAZIONI SU
THE WEAPONS ENCYCLOPAEDIA:
https://soldiershop.com/collane/libri/the-weapons-encyclopaedia/

TWE-033 IT

www.ingramcontent.com/pod-product-compliance
Lightning Source LLC
LaVergne TN
LVHW070523070526
838199LV00072B/6689